essentials

essentials liefern aktuelles Wissen in konzentrierter Form. Die Essenz dessen, worauf es als „State-of-the-Art“ in der gegenwärtigen Fachdiskussion oder in der Praxis ankommt. *essentials* informieren schnell, unkompliziert und verständlich

- als Einführung in ein aktuelles Thema aus Ihrem Fachgebiet
- als Einstieg in ein für Sie noch unbekanntes Themenfeld
- als Einblick, um zum Thema mitreden zu können

Die Bücher in elektronischer und gedruckter Form bringen das Expertenwissen von Springer-Fachautoren kompakt zur Darstellung. Sie sind besonders für die Nutzung als eBook auf Tablet-PCs, eBook-Readern und Smartphones geeignet. *essentials:* Wissensbausteine aus den Wirtschafts-, Sozial- und Geisteswissenschaften, aus Technik und Naturwissenschaften sowie aus Medizin, Psychologie und Gesundheitsberufen. Von renommierten Autoren aller Springer-Verlagsmarken.

Weitere Bände in dieser Reihe http://www.springer.com/series/13088

Norbert Franck

Erfolgreich mit Spenderinnen und Spendern korrespondieren

Mit gelungenen Texten gewinnen und binden

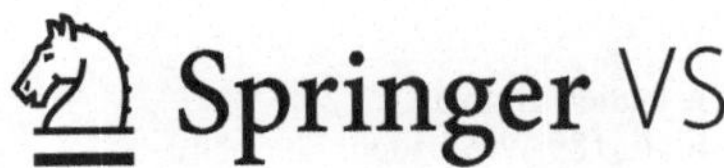

Norbert Franck
Berlin, Deutschland

ISSN 2197-6708 ISSN 2197-6716 (electronic)
essentials
ISBN 978-3-658-16659-5 ISBN 978-3-658-16660-1 (eBook)
DOI 10.1007/978-3-658-16660-1

Die Deutsche Nationalbibliothek verzeichnet diese Publikation in der Deutschen Nationalbibliografie; detaillierte bibliografische Daten sind im Internet über http://dnb.d-nb.de abrufbar.

Springer VS

Gedruckt auf säurefreiem und chlorfrei gebleichtem Papier

Springer VS ist Teil von Springer Nature
Die eingetragene Gesellschaft ist Springer Fachmedien Wiesbaden GmbH
Die Anschrift der Gesellschaft ist: Abraham-Lincoln-Str. 46, 65189 Wiesbaden, Germany

Was Sie in diesem *essential* finden können

Sie erfahren, was notwendig ist, um erfolgreich mit Spenderinnen und Spendern zu korrespondieren statt mit Sachbearbeitung Bindung und Zustimmung zu riskieren.

Sie finden Antworten auf folgende Fragen:

- Wie gelingen Briefe und E-Mails, die Sympathie wecken?
- Welche Schreibperspektive ist notwendig, um Spenderinnen und Spender zu erreichen?
- Wie kann eine Non-Profit-Organisation zum Ausdruck bringen, dass sie dynamisch und zupackend und eine Spende bei ihr gut aufgehoben ist?
- Wie gelingen lebendige Formulierungen ohne verstaubte Floskeln und sprachliche Anklänge ans letzte (oder gar vorletzte) Jahrhundert?

Der *essential*-Band hilft, Spaß am Texten und kreative Schreib-Routine zu entwickeln.

Inhaltsverzeichnis

1 Einleitung

Vereine, Verbände und Stiftungen, die auf Spenden angewiesen sind, haben damit zu kämpfen, dass ihnen Jahr für Jahr Spender verloren gehen. Zwischen zwanzig und vierzig Prozent. Die Gewinnung neuer Spenderinnen macht, auch wenn Agenturen damit beauftragt werden, viel Arbeit und kostet viel Geld. Kostendeckend lassen sich Erstspender heute nicht mehr gewinnen; sie rechnen sich erst durch konsequentes Upgrading zu Mehrfachspenderinnen – besser noch: zu Dauerspendern oder Großspenderinnen (vgl. Urselmann 2014, S. 151).

Daher ist die Bindung von Spendern wichtig (vgl. dazu vor allem Naskrent 2010). Große Organisationen betreiben sie mit großem Aufwand. Moderne Datenverarbeitung verspricht eine 360 Grad-Sicht auf Spenderinnen – und zaubert, wenn von ihr die Rede ist, Entzücken auf die Gesichter der Marketing-Verantwortlichen, die sich davon eine sehr gezielte Ansprache versprechen. Abläufe werden – dort, wo die personellen Voraussetzungen gegeben sind – optimiert, weil man weiß, dass der Dank für eine Spende nach drei oder vier Wochen zu spät kommt, wenn eine Bindung hergestellt werden soll. Und selbstverständlich erhalten auch die Spender eine Spendenbescheinigung, die weniger als zweihundert Euro im Jahr gespendet haben, denn die Bescheinigung ist eine hervorragende Möglichkeit, Spenderinnen zu bestätigen, eine gute Entscheidung getroffen zu haben (so sollte Zuwendungs*bestätigung* verstanden werden), und sie zu bestärken, weiter zu helfen.

In Deutschland gibt es mehr als 600.000 Non-Profit-Organisationen (NPO). Rund zwei Drittel sammeln Spenden. Für mindestens 100.000 Organisationen sind Spenden die Haupteinnahmequelle. Eine konsequente Fundraising-Professionalisierung findet vor allem in den NPOs statt, die mehr als eine Millionen Euro im Jahr einnehmen. Das sind keine fünf Prozent (Körber-Stiftung 2015).

N. Franck, *Erfolgreich mit Spenderinnen und Spendern korrespondieren*, essentials, DOI 10.1007/978-3-658-16660-1_1

Die Hälfte aller Organisationen muss mit Spenden von weniger als 10.000 EUR im Jahr auskommen. Und das heißt auch: mit bescheidenen Bordmitteln und ehrenamtlichem Fundraising.

Daher ist es nicht verwunderlich, wenn die Qualität der Korrespondenz mit Spenderinnen und Spendern – also ein zentrales Bindungsmittel – vielfach zu wünschen übrig lässt. Aber auch in großen Organisationen gibt es noch viel an der Korrespondenz mit Spendern zu verbessern: Im Danke-Brief wird nicht die Sprache der Spenderinnen gesprochen und die Einladung zu einem Großspender-Treffen nicht aus deren Perspektive geschrieben. Viele Formulierungen weisen den Verein nicht als dynamisch, sondern eher als umständlich und behäbig aus. Und es wird zu oft aus der Verbands- statt aus der Perspektive der Spender geschrieben.

Dass und wie es anders geht, ist Thema auf den folgenden Seiten: Was ist notwendig für eine erfolgreiche Korrespondenz mit Spenderinnen? Dabei geht es nicht um die technisch-organisatorische Seite, nicht um Taktfrequenzen der Ansprache oder die Frage, welche Incentives zielgruppengerecht sind. Im Mittelpunkt steht vielmehr die Herausforderung, die Wertschätzung der Spender deutlich zum Ausdruck zu bringen: *Sie sind wichtig,* damit wir unseren Auftrag erfüllen können (Kindern helfen, die Natur schützen, die Gesundheitsforschung voranbringen …).

Briefe sind ein Kommunikationsmittel, das gerade für die NPOs besonders wichtig ist, die über keinen großen Etat für Öffentlichkeitsarbeit verfügen. Briefe sind Visitenkarten. Briefe machen einen guten oder schlechten Eindruck, der sich herumspricht. Mit einem Brief als erste Reaktion auf eine Spende oder eine Bitte um Informationen können Spenderinnen und Spender gewonnen oder abgeschreckt werden. Abschreckende Briefe können teure Imagekampagnen ins Leere laufen lassen. Kurz: Briefe sind ein kleines – aber wichtiges und nützliches – Kommunikationsmittel.

Ich zeige, was erfolgreiche Korrespondenz ausmacht. Dafür ziehe ich misslungene Briefe unterschiedlicher NPOs heran. Ich habe in meinen Workshops die Erfahrung gemacht, dass die Auseinandersetzung mit Fehlern und Schwächen und die Suche nach Wegen, sie zu beheben bzw. zu vermeiden, hilfreicher ist als die Präsentation gelungener Beispiele. Da es mir nicht darum geht, Organisationen zu kritisieren, die großartige Arbeit leisten, sondern um die Veranschaulichung von Anforderungen an eine erfolgreiche Korrespondenz, habe ich diese Briefe anonymisiert.

Vier Kapitel enthalten einen Kasten mit Tipps, die sowohl für die Korrespondenz mit Spenderinnen und Spendern nützlich sind, als auch für andere Sachtexte – von A (wie Ankündigung) bis Z (wie Zwischenbescheid). Sie erhöhen, hoffe ich, den Gebrauchswert dieses *essentials.*

2 Voraussetzung erfolgreicher Korrespondenz: Kommunikation statt Sachbearbeitung

Vor einigen Jahren haben Hochschulen das Fundraising entdeckt (vgl. Haibach 2012; Bölling und Kluck 2016) und zaghaft auch die Spendenwerbung. Das zuständige Referat bzw. die Stabsstelle ist (zusammen mit der Pressestelle) umstellt von einem Verwaltungsapparat, in dem Sachbearbeitung die leitende Handlungsmaxime ist. Das mag erfolgreich sein, wenn es um Gebäudemanagement geht. Für Korrespondenz ist Sachbearbeitung das, was die Sonne für Schnee bedeutet. Folgende Eingangsbestätigung, die eine Hochschule in Süddeutschland an eine Bewerberin schickte, illustriert das sehr anschaulich:

> **„Ihre Bewerbung um die halbe Stelle einer wiss. Mitarbeiterin/eines wiss. Mitarbeiters im Zentrum für Deutschdidaktik**
> **hier: Eingangsbestätigung**
>
> Sehr geehrte Frau ...,
>
> die Bewerbungsunterlagen für die o.g. Stelle sind hier am 03.12.2... eingegangen.
> Zu gegebener Zeit erhalten Sie weitere Nachricht.
>
> Mit freundlichen Grüßen
>
> Nachname
> Verwaltungsangestellter“

Der Verwaltungsangestellte hat kein Interesse an einer Besetzung der Stelle im Zentrum für Deutschdidaktik. Er sieht nur die (lästige) Arbeit. Das signalisiert sein Brief überdeutlich. Deshalb

N. Franck, *Erfolgreich mit Spenderinnen und Spendern korrespondieren*, essentials, DOI 10.1007/978-3-658-16660-1_2

- überlässt er es der Bewerberin, sich auszusuchen, ob sie sich um die Stelle einer wissenschaftlichen *Mitarbeiterin* oder eines wissenschaftlichen *Mitarbeiters* beworben hat. Mit einem Copy- und Paste-Betreff ist die Chance für einen gelungen Einstieg vertan: „Wer das erste Knopfloch verfehlt, kommt mit dem Zuknöpfen nicht zu Rande" (Goethe, Bd. 9, S. 617);
- denkt er nicht nach und ergänzt den Betreff um eine Zeile, in der er das schreibt, was auch im ersten Satz nach der Anrede steht;
- dankt er nicht für die Bewerbung;
- unterstreicht er mit „zu gegebener Zeit erhalten Sie weitere Nachricht": Fragen sie bloß nicht nach. Was *zu gegebener Zeit* meint, entscheiden wir.

Ein Liebesbrief in diesem Stil könnte etwa so ausfallen:

Tucholsky bringt es auf den Punkt

„Hierorts, den heutigen

1. Meine Neigung zu Dir ist unverändert.
2. Du stehst heute abend, 7 ½ Uhr, am zweiten Ausgang des Zoologischen Gartens, wie gehabt.
3. Anzug: Grünes Kleid, grüner Hut, braune Schuhe. Die Mitnahme eines Regenschirms empfiehlt sich.
4. Abendessen im Gambrinus, 8.10 Uhr.
5. Es wird nachher in meiner Wohnung voraussichtlich zu Zärtlichkeiten kommen.

(gez.) Bosch, Oberbuchhalter" (Tucholsky, Bd. 7, S. 275)

Wir können nicht *nicht* kommunizieren. Watzlawicks Feststellung gehört ebenso zu unserem Alltagswissen wie sein Axiom, dass „jede Kommunikation einen Inhalts- und einen Beziehungsaspekt" enthält (Watzlawick et al. 1996, S. 53). Friedemann Schulz von Thun (1988) hat dieses Modell weiterentwickelt. Er spricht von einem *Kommunikationsquadrat:* Eine Äußerung hat vier Seiten: Mit dem

a. Inhalt einer Aussage teilen wir
b. etwas über uns mit und
c. darüber, wie wir zum Angesprochenen stehen und was
d. unser Gegenüber tun oder unterlassen soll.

Abb. 2.1 Das Kommunikationsquadrat

Der *Inhalt* einer Äußerung ist also begleitet von einer *Selbstauskunft,* einer *Beziehungsaussage* sowie einem *Appell* (Abb. 2.1):

Alle vier Seiten sind immer gleichzeitig im Spiel. Appell, Selbstauskunft oder Beziehungsbotschaft können *implizit* ausgesprochen werden. Oder sie werden ausdrücklich formuliert. Ich wende das Modell auf den Zwischenbescheid an (Abb. 2.2):

Der Brief wirft ein schlechtes Licht auf den Absender: Es werden nicht einmal die elementarsten Höflichkeitsregeln eingehalten; zudem ist er steif und bürokratisch formuliert. Wer so schreibt, ist mental noch nicht im 21. Jahrhundert angekommen, in dem nicht mehr *verfügt* wird, „zu gegebener Zeit erhalten Sie weitere Nachricht", sondern allenfalls um etwas Geduld *gebeten* wird. Kurz: Diese Schreib*haltung* schreckt ab.

Was zeichnet erfolgreiche Korrespondenz aus – Briefe und Mails, in denen nicht Sachbearbeitung den Ton angibt, sondern Kommunikation? Abb. 2.3 zeigt

Abb. 2.2 Die vier Seiten einer Nachricht

Abb. 2.3 Die vier Seiten erfolgreicher Korrespondenz mit Spenderinnen und Spendern

welche Botschaften von Korrespondenz ausgehen sollten, die Spenderinnen und Spender binden statt sie zu verstimmen.

Die Selbstauskunft und die Beziehungsaussage sind implizite Botschaften, die durch den Inhalt, den Aufbau und die Sprache eines Briefes oder einer E-Mail transportiert werden. Und der Appell wird nur wohldosiert explizit formuliert.

Ich operationalisiere diese Botschaften in Korrespondenz-Handwerk:

Selbstauskunft

- Wir sind dynamisch, packen an: Das passende Wort.
- Wir sind aus dem 21. Jahrhundert: Lebendige Sprache.

Beziehung

- Sie sind uns wichtig: Individuelle Korrespondenz statt Floskelparade.
- Wir können uns in Ihre Lage versetzen: Die richtige Schreibperspektive.

Um diese vier Botschaften geht es im Folgenden.

Selbstauskunft 1: Wir sind dynamisch. Das passende Wort

3

Spenderinnen wollen die Gewissheit haben, dass ihre Spende etwas bewirkt, weil sie für die richtige Organisation gespendet haben. Sollen Spender darüber informiert werden, dass ein Verband oder Verein Probleme anpackt, eine Stiftung mittelbar und unmittelbar hilft (zum Beispiel durch Grundlagenforschung und Aufklärung), dann heißt das vor allem: *Wirkung nachweisen* – im Jahresbericht, in Newslettern oder Info-Briefen deutlich machen, was *getan* und vor allem: *was erreicht* wurde mit Hilfe von Spenden. Verben und anschauliche Wörter bzw. Formulierungen sind hierfür die richtigen sprachlichen Mittel.

Verben. Verben. Verben

Unternimmt man etwas, handelt man, dann sind Verben erste Wahl. Verben bringen Leben in unsere Sprache. Verben machen rund ein Viertel unseres Wortschatzes aus. In vielen Texten fristen sie ein Schattendasein. Substantive verdrängen sie und entziehen Texten Farbe und Leben. Es wird mitgeteilt: „Wir haben eine Verbesserung der Ausstattung der Klassenräume und eine Reduzierung der Klassengröße vorgenommen". Entschieden weniger steif ist: Wir haben die Ausstattung der Klassenräume verbessert und die Klassegröße reduziert. Oder eindringlicher: Wir haben die Klassenräume besser ausgestattet und kleinere Klassen eingerichtet.

Solange es Bürokratie gibt, so lange schreiben Bürokraten: „Das Unterbleiben einer sofortigen Erhöhung der Entwicklungshilfe, führt zu einer weiteren Zunahme des Flüchtlingsstroms". Wenn sich eine Stiftung dafür *einsetzt,* dass die Entwicklungshilfe sofort erhöht wird, wenn ein Verein entwicklungspolitisch etwas *bewegen* will, wenn sich ein Verband für mehr Gerechtigkeit zwischen Nord und Süd *engagiert* – dann sollten sie das in ihren Texten durch Verben deutlich machen: „Wenn die Entwicklungshilfe nicht sofort erhöht wird, werden mehr Menschen aus ihrer Heimat flüchten".

N. Franck, *Erfolgreich mit Spenderinnen und Spendern korrespondieren,* essentials, DOI 10.1007/978-3-658-16660-1_3

„Ich kam, sah und siegte“, soll Cäsar gesagt haben. Dieser Satz lässt sich auch anders formulieren: Nach Erreich*ung* und Besichtig*ung* der hiesigen Örtlichkeiten war mir die Erring*ung* des *Sieges* möglich. Bloß: Wer hätte das geglaubt?

Erhöhung und *Zunahme, Erreichung* und *Erringung* machen einen Text schwerfällig. Und meist ist ein Text auch umso schwerer zu verstehen, je weniger Verben er enthält. Deshalb sollte Korrespondenz mit Spenderinnen und Spendern frei von Substantivierungen sein – frei von *Einrichtung* und *Schaffung, Reduzierung* und *Unterstützung, Verbesserung* und *Senkung, Inangriffnahme* und *Inbetriebnahme.*

Nicht nur die Korrespondenz, sondern alle Texte. Nehmen wir zum Beispiel an, ein sehr gelungenes Mailing endet mit dem Hinweis, weitere Informationen seien auf der Webseite zu finden – und dort stößt man auf folgende Selbstdarstellung:

> Übergeordnetes, in der Satzung der Trägergesellschaft verankertes Leitmotiv des DKRZ ist es, auf der Basis interdisziplinärer Forschung Beiträge zur Reduzierung der individuellen und gesellschaftlichen Belastung durch den Konsumrausch zu leisten. Kennzeichnendes Merkmal dabei ist die Vernetzung von psychologischer und soziologischer Grundlagenforschung mit klinischen und epidemiologischen Forschungsansätzen. Konkret sind die wissenschaftlichen Beiträge des DKRZ auf die Ziele der Verbesserung von Prävention, Früherkennung, Diagnostik und Therapie des Konsumrauschs und seiner Komplikationen sowie der Verbesserung der epidemiologischen Datenlage zum Konsumrausch in Deutschland ausgerichtet.

Der Text lädt nicht zum Lesen ein. Die Substantiv-Häufungen machen ihn schwergängig – die Reduzierung, Vernetzung, Verbesserung und die Forschung. Löst man die vielen Substantivierungen auf, wird der Text verständlicher. Vor allem wird deutlich: Die tun was!

> Das DKRZ forscht nach Wegen, die individuellen und gesellschaftlichen Belastungen zu reduzieren, die der Konsumrausch verursacht. Das Zentrum vernetzt psychologische und soziologische Grundlagenforschung mit klinischer und epidemiologischer Forschung. Sein Ziel: die
>
> - Prävention,
> - Früherkennung,
> - Diagnostik und
> - Therapie
>
> des Konsumrauschs zu verbessern.
>
> Darüber hinaus arbeitet das Zentrum daran, aussagekräftigere epidemiologische Daten zum Konsumrausch in Deutschland zu gewinnen.

Mit weniger Worten (55 statt 80) mehr sagen: Forschung und Daten sind wichtig. Die *Ansätze* und die *Lage* nach *Forschung* und *Daten* nicht. Das Leitmotiv und die Verankerung in der Satzung habe ich gestrichen. Das Motiv ist ehrenwert; dass es in Satzung verankert ist, ziemlich langweilig. Taten zählen.

„Helfen ist unser Auftrag", lautete in der Vergangenheit der Slogan des Arbeiter-Samariter-Bundes (ASB). Er provozierte die Frage: Erfüllt ihr diesen Auftrag auch? Der ASB war daher gut beraten, einen Slogan zu finden, der diese Frage beantwortet: „Wir helfen hier und jetzt".

Verallgemeinert: Aufträge und Leitmotive mögen verbandsintern wichtig sein. Außenstehende, Spenderinnen und Spender, interessiert die Frage: Was macht der Verband? Was erreicht er? Organisationen, die erfolgreich handeln, sollten das auch deutlich zum Ausdruck bringen – durch Verben.

Deshalb: Wir bekämpfen mit Bildung Armut. Statt: Unsere Zielsetzung ist die Bekämpfung von Armut durch Bildung.

Und: Wir fördern vor allem die berufliche Ausbildung. Nicht: Schwerpunkt unserer Förderung ist die berufliche Ausbildung.

Sowie: Wir retten verschüttete Menschen und bekämpfen Waldbrände. In Europa und weltweit. Statt: Unsere Aufgabe ist das Suchen und Retten von verschütteten Menschen nach Katastrophen und die Waldbrandbekämpfung in Europa und weltweit.

Im ersten Satz der Selbstdarstellung heißt es: „... Beiträge zur Reduzierung der individuellen und gesellschaftlichen Belastung durch den Konsumrausch zu leisten". *Beiträge zu leisten* ist ein Streckverb (der Fachterminus lautet *Funktionsverb*). In dem zitierten Satz stehen 11 Wörter zwischen *Beiträge* und *leisten.* Es geht aber auch anders:

> Frau Wahl *stellte* gestern im überfüllten Gemeindehaus von Stockstadt auf einer Veranstaltung, die der Verein *Frauen helfen Frauen* organisiert hatte, in der Diskussion über die Situation von Frauen in Südafrika nicht nur ihre politische Sachkenntnis, sondern auch ihr Engagement für die Emanzipation von Frauen *unter Beweis.*

Nach 41 Worten erfährt man, was Frau Wahl *stellt.* In der Zwischenzeit darf gerätselt werden: *Stellt* Frau Wahl unsinnige Behauptungen auf? *Stellt* sie ihren neuen Partner vor oder alles auf den Kopf?

Der erlösende zweite Teil des Streckverbs steht am Satzende. Die Lesenden sind bei solchen Satzkonstruktionen häufig so angestrengt damit beschäftigt, die Satzaussage (unter Beweis stellen) zu erfassen, dass der Satz nicht verstanden wird oder ein falscher Zwischensinn entsteht. *Falscher Zwischensinn* meint: Mit der ersten Hälfte eines Streckverbs oder eines zusammengesetzten Verbs verbindet sich eine andere Bedeutung. Ein einfaches Beispiel: Frau Peters *versagte* (oh weh, die Ärmste!) dem Vorschlag der Opposition *die Zustimmung.* Bei einem so kurzen Satz entstehen keine Verständnisschwierigkeiten. Das Beispiel zeigt jedoch, dass Funktionsverben zu schwer verständlichen Monstersätzen verführen. Deshalb, und weil Funktionsverben meist zu steifen Formulierungen führen, rate ich von diesen unechten Verben ab.

Deshalb nicht: „In allen Veranstaltungen *besteht* für Jugendliche *die Möglichkeit,* sich mit der Suchtthematik auseinanderzusetzen und sich über Alternativen zum Suchtmittelgebrauch zu informieren". Sondern: „In allen Veranstaltungen *können* sich Jugendliche mit der Suchtthematik auseinandersetzen und..." Oder besser noch: „In allen Veranstaltungen können sich Jugendliche mit dem Thema Sucht auseinandersetzen und sich über Alternativen zu Zigaretten, Alkohol, Haschisch und anderen Drogen informieren". Deshalb:

- einsetzen statt zum Einsatz bringen,
- beweisen, zeigen statt unter Beweis stellen,
- beachten statt Beachtung schenken.

Kurz und anschaulich

Der Journalist Joseph Pulitzer empfahl allen, die schreiben: „Was immer Du schreibst – schreibe kurz, und sie (die Leserinnen und Leser – NF) werden es lesen, schreibe klar, und sie werden es verstehen, schreibe bildhaft, und sie werden es im Gedächtnis behalten".

Eine sehr nützliche Empfehlung. Aus mindestens drei Gründen:

1. Wer sich an Pulitzer hält, hat weniger Schreib-Arbeit. Die eingesparte Schreib-Zeit kann für eine aufmerksamkeitsstarke Formulierung oder eine interessante Information genutzt werden.
2. Das kurze Wort ist meist das verständlichere und anschaulichere. Deshalb:
   - kurz und gut statt aufgebläht
   - Aufgabe statt Aufgabenstellung
   - Bank statt Geldinstitut
   - Konzept statt Konzeption
   - Geld statt Finanzmittel
   - Problem statt Problematik
   - Thema statt Thematik
   - Ziel statt Zielstellung oder Zielsetzung

3. Die Empfängerinnen und Empfänger mögen verständliche und anschauliche Texte. Und sie müssen weniger lesen.

Insbesondere Fachtermini und Oberbegriffe entziehen Texten Farbe und Leben: die Niederschläge und der Baumbestand, die regenerativen Energien und die Bekleidung, die Heranwachsenden und die Bezugspersonen – zum Beispiel. Silbenschleppzüge haben die gleiche Wirkung: der Suchtmittelgebrauch, die Waldbrandbekämpfung und das Verkehrswegebeschleunigungsgesetz – zum Beispiel.

„Ihre Spende trug dazu bei, dass wir in diesem Dorf auch einen kleinen Bauernhof mit einer kleinen Pension errichten konnten. Morgens bahnen sich nun Touristen durch Geflügel den Weg zum Frühstücksraum".

So entsteht bei den Leserinnen und Lesern kein Bild. *Geflügel* ist ein unsinnlicher Oberbegriff. Anschaulich wird der Satz so: Morgens bahnen sich nun Touristen durch eine Schar von Hühnern und Gänsen den Weg zum Frühstücksraum.

Vielleicht gibt es auf dem Bauernhof auch noch Enten. Doch geht nicht um Vollständigkeit, sondern um Anschaulichkeit. Deshalb: Schnee und Regen, Hagel und Platzregen, Erlen, Fichten und Buchen, Wind- und Sonnenenergie, Hose und Bluse, Kinder und Jugendliche, Eltern, Verwandte und Freunde – zum Beispiel. Und natürlich Stadtpark statt städtische Grünanlage.

Von Tucholsky stammt folgende Ergänzung der Kurz-und-gut-Maxime: *Was gestrichen ist, kann nicht durchfallen* (Bd. 8., S. 292). Beachtet man diesen Hinweis, erhöht sich die Chance, Texte zu verfassen, die nicht langweilen und ermüden. Deshalb:

- kurz und gut statt mit überflüssigem Ballast
- in der Gesundheitsforschung statt im Bereich der Gesundheitsforschung
- in ähnlichen Fällen statt in ähnlich gelagerten Fällen
- Ergebnisse statt erzielte Ergebnisse
- Verzögerung statt aufgetretene Verzögerung

Ein Text ist dann gelungen, wenn nichts mehr gestrichen werden kann. Warum ist es wichtig, Überflüssiges zu streichen? Weil Überflüssiges Wichtiges – die Leistungen einer Organisation – verdecken und dazu führen kann, dass die Leserinnen und Leser einen Text gelangweilt weglegen. Deshalb kann Streichen eine Wohltat sein. Ein Beispiel:

> Ein besonderes Highlight für die jüngeren Gäste ist auf dem Spielplatz des Ottoparks in … installiert. Das Karussell bietet neben Sitzplätzen auch Stellplätze für Kinderrollstühle, so dass alle Kinder gemeinsam mit dem Spielgerät fahren können. Die Bügel, die die Rollstühle festhalten und für Sicherheit sorgen, müssen eingerastet sein, sonst kann es sich nicht drehen. Zwischen den Plätzen für die Rollstuhlfahrer sind auch drei weitere Sitzplätze für Mitfahrer vorhanden. Mit Hilfe der … Stiftung konnte das Karussell angeschafft werden.

Der Text veranschaulicht den Voltairesatz: „Alles sagen zu wollen, ist das Geheimnis der Langeweile". Der dritte und vierte Satz sind überflüssig und nehmen der Kernaussage die Wirkung. Streicht man die beiden Sätze, gewinnt man Platz, um etwas Leben in den Text zu bringen:

> „Das ist super!" Freut sich die sechsjährige Ann-Kathrin über das neue Karussell im Ottoparks in …. Das Besondere an diesem Karussell, das mithife der … Stiftung angeschafft wurde: Neben Sitzplätzen gibt es auch Stellplätze für Kinderrollstühle, sodass alle Kinder gemeinsam fahren können. Kindern eine Freude zu machen, macht so viel Freude.

Die Ursprungsversion hat 78 Wörter, meine Überarbeitung 53.

Ich habe wenige Zeilen zuvor *Überflüssiges* und *Karussell* kurz hintereinander wiederholt, um auf eine Ausnahme von der Empfehlung hinzuweisen, das kurze Wort zu wählen: Ich habe keine – kürzeren – Pronomen gewählt. Der Grund: Fürwörter können zu Rätseln führen und dazu, dass man sich blamiert: „Wer seinen Hund liebt, muss nicht auch seine Flöhe lieben", sagte Heiner Geißler einmal in einem *Zeit*-Interview. Wessen Flöhe meint er? Die eigenen? Oder die des Hundes? Wenn er die des Hundes meinte, wäre korrekt gewesen: „Wer seinen Hund liebt, muss nicht auch *dessen* Flöhe lieben".

Viele tun sich schwer mit *seine* und *dessen, dieser* und *jene,* mit Personal- und anderen Pronomen – beim Schreiben und beim Lesen: „Von Drogen abhängige Menschen halten sich meist dort auf, wo *sie* gespritzt oder geraucht werden". Wer wird gespritzt? Die Menschen oder die Drogen? Fürwörter führen leicht zu Rätseln. Texte sollten informativ sein und nicht rätselhaft.

In der Schule haben wir gelernt: Wer Wörter wiederholt, hat einen „schlechten Stil". Das ist richtig, denn wir langweilen uns, wenn wir zum Beispiel dreimal hintereinander *machen* oder *schön* lesen. Bei Verben und Adjektiven sollte man sich, wie es in der Schule hieß, um einen „Wechsel im Ausdruck" bemühen. (Am Rande bemerkt: *machen* und *schön* sind nichtssagend. Wenn ich Hausarbeit *mache,* dann backe, koche, putze, bügle ich. Und ich wünsche mir keinen *schönen* Urlaub, sondern einen aufregenden, abwechslungsreichen, entspannenden oder erholsamen).

Die Empfehlung aus dem Deutschunterricht gilt für Substantive und Personen nur eingeschränkt. Im Johannes-Evangelium heißt es: „Im Anfang war das Wort, und das Wort war bei Gott, und Gott war das Wort". Dreimal *Wort* und zweimal *Gott* in einem Satz. Dieser Satz ist verständlich und eindringlich. Das lässt sich über die folgende „Übersetzung" nicht sagen: „Am Anfang war das Wort. Es befand sich bei Gott, und letzterer war identisch mit ersterem".

Letzterer und *ersterem* machen den Text holprig. Diese Pronomen führen häufig dazu, dass Sätze schwer verständlich sind, weil gerätselt werden muss, für wen oder was ein Pronomen steht. Jeder Satz kann zwei- oder dreimal gelesen werden, bis man ihn verstanden hat. Aber wer macht das schon gerne? *Verständlichkeit ist ein Gebot der Höflichkeit.*

Zusammengefasst: Das kurze und anschauliche Wort, viele Verben und streichen, was überflüssig ist. So lauten die Empfehlungen für erfolgreiche Korrespondenz in diesem Kapitel (ich ergänze sie in Kasten 3.1 um sechs Hinweise zum Satzbau).

Ein abschließendes Anwendungsbeispiel:

„Sehr geehrte Frau Handlos,

wir freuen uns, dass Sie sich entschieden haben, regelmäßig für … zu spenden. Erstmalig zum 1.09.2016 werden wir den Betrag von Euro 20 von Ihrem Konto … einziehen, ohne dass Sie hierüber vorab jedes Mal erneut informiert werden.

Für Ihr Vertrauen und Ihre Unterstützung danke ich Ihnen von ganzem Herzen, besonders im Namen der Kinder und Jugendlichen, denen Sie mit Ihren Spenden helfen! Viele dieser jungen Menschen sind auf unsere langfristige Begleitung angewiesen. Sie brauchen die Sicherheit, dass sie ein Zuhause gefunden haben und ihre Schul- oder Berufsausbildung abschließen können. Daher ist Ihre regelmäßige Förderung eine große Hilfe.

Mit freundlichen Grüßen

Spenderkommunikation

P.S.: Wir verschicken in regelmäßigen Abständen Informationen über unsere Projekte an unsere Spender. Sie können die Häufigkeit Ihrer Ansprache beeinflussen, indem Sie sich dazu bei uns melden. Ihre Spendenquittung erhalten Sie immer im Januar als Sammelquittung aller geleisteten Spenden aus dem Vorjahr. Wenn Sie Einzelquittungen wünschen, teilen Sie uns dies bitte kurz mit."

Mein Vorschlag:

Vielen Dank für Ihr Vertrauen

Sehr geehrte Frau Handlos,

wir freuen uns sehr, dass Sie künftig regelmäßig für unsere weltweite Kinder- und Jugendhilfe spenden! Sie helfen mit Ihrer Spende, notleidenden Kinder und Jugendlichen ein Zuhause zu geben und ihnen eine Schul- und Berufsausbildung zu ermöglichen.
Für diese Hilfe sind regelmäßige und dauerhafte Spenden sehr wichtig. Deshalb noch einmal: Vielen Dank, Frau Handlos!
Wir buchen Ihre monatliche Spende von 20 Euro erstmals am 1.9.2016 von Ihrem Konto bei der GLS-Bank ab.
Sie erhalten im Januar eine Spendenquittung über alle bis zum Jahresende geleisteten Spenden. Bitte melden Sie sich, wenn Sie Einzelquittungen wünschen.

Mit freundlichen Grüßen

Doris Heyne
Spendenkommunikation

Wir informieren unsere Spenderinnen regelmäßig über unsere Projekte. Bitte lassen Sie es uns wissen, wenn Sie häufiger informiert werden möchten.

Erleichtert das Schreib-Leben: 6 Tipps zum Satzbau

Worte sollten zu verständlichen Sätzen zusammengefügt werden. Verständlichkeit ist zwar nicht alles, aber ohne Verständlichkeit ist alles nichts. Es gibt nicht die „richtige" Satzlänge. Nicht jeder lange Satz ist unverständlich und nicht jeder kurze informativ oder anschaulich. Das Hauptübel vieler Sätze ist nicht ihre Länge, sondern die Bauweise. An erster Stelle auf der Problemskala steht der Schachtelsatz. Die folgenden Tipps helfen, verständlich zu formulieren und sich nicht in komplizierten Satzstrukturen zu verlieren.

1. *Was gestrichen ist, kann nicht durchfallen (vgl. S. 11)*
   Statt: Herzlichen Dank für Ihr Interesse an *Informationen* über die *Arbeit* von ABC. Gerne sende ich Ihnen die gewünschten *Informationen* zu, damit Sie einen besseren Einblick in unsere *Arbeit* gewinnen können.
   Mit weniger *Arbeit* und *Informationen:* Herzlichen Dank für Ihr Interesse an unsere Arbeit. Gerne sende ich Ihnen Informationen über ABC.

2. *Erst Hauptsatz, dann Nebensatz*
Statt: Wenn Sie den Wunsch haben, sich persönlich einen Eindruck von unserer Frauenhaus-Arbeit zu machen, lassen Sie es uns wissen.
Besser: Lassen Sie es uns wissen, wenn Sie den Wunsch haben, einen persönlichen Eindruck von unserer Frauenhaus-Arbeit zu gewinnen.
3. *Satzaussage dicht beim Satzgegenstand*
Statt: Derjenige, der den Insekten, die es, weil sie am Ende der Aufmerksamkeitsskala stehen, besonders notwendig haben, hilft, schützt auch unsere Vögel.
Verständlicher: Wer den Insekten hilft, die es besonders bedroht sind, weil sie am Ende der Aufmerksamkeitsskala stehen, schützt auch unsere Vögel.
Gut: Wer unsere Vögel schützen will, muss auch die Insekten schützen, die besonders bedroht sind, weil sie am Ende der Aufmerksamkeitsskala stehen.
4. *Satzgegenstand und Satzaussage an den am Anfang des Satzes*
Statt: Heute morgen, ich las gerade ein *Essential* über erfolgreich Korrespondenz mit Spenderinnen und Spendern, rief mein Bruder an.
Ohne Einschub: Heute morgen rief mein Bruder an. Ich las gerade ein *Essential* über erfolgreich Korrespondenz mit Spenderinnen und Spendern.
5. *Trennung zusammengesetzter Verben vermeiden*
Statt: Für die Katastrophenhilfe sind in unserem Landkreis das Technische Hilfswerk, das Deutsche Rote Kreuz, die Feuerwehr und die Polizei zuständig.
Mit Doppelpunkt: Für die Katastrophenhilfe sind in unserem Landkreis zuständig: das Technische Hilfswerk, das Deutsche Rote Kreuz, die Feuerwehr und die Polizei.
Oder: Für die Katastrophenhilfe sind in unserem Landkreis das Technische Hilfswerk zuständig, das Deutsche Rote Kreuz, die Feuerwehr und die Polizei.
6. *Hauptsache in den Hauptsatz*
Statt: Die Ministerpräsidentin, die unsere Bildungsarbeit mit 200.000 EUR unterstützen will, kam heute direkt aus dem Urlaub zu unserer Auftaktveranstaltung.
Das Wichtige in den Hauptsatz: Die Ministerpräsidentin will unsere Bildungsarbeit mit 200.000 EUR unterstützen. Heute kam sie direkt aus dem Urlaub zu unserer Auftaktveranstaltung.

4 Selbstauskunft 2: Wir sind aus dem 21. Jahrhundert. Lebendige Sprache

Sprache ist lebendig. Korrespondenz häufig nicht. Während zum Beispiel alle ihre Smartphone-Apps regelmäßig updaten, halten viele in Briefen hartnäckig an steifen Anreden fest, an bürokratischen Betreffs und langweiligen „Grußformeln". Dabei sind Briefe nicht das ganz Andere. Sie werden von Menschen gelesen, die viele Medien nutzen, die im Leben stehen. Moderne Korrespondenz lässt deshalb das Leben in Briefe – in der Anrede und dem Gruß, im Betreff und PS.

Anrede

Ich sage „guten Tag", wenn ich jemanden treffe oder anrufe. Das ist freundlich und höflich. Ich empfehle diese Alltagsnähe auch für Briefe. „Guten Tag" ist ein gewinnender Beginn: „Guten Tag Herr Fischer" oder: „Guten Tag, lieber Herr Fischer".

Diese Anrede hat zudem zwei Vorteile: Man kann das im Alltag unübliche „sehr geehrte(r)" umgehen und das steife „sehr geehrte Damen und Herren", wenn weder Namen noch Geschlecht der Empfängerinnen und Empfänger bekannt sind.

Viele Spenderinnen und Spender haben die 60 überschritten. Hängen sie deshalb an einer traditionellen Anrede? Das ist im Einzelfall zu entscheiden. Ich habe die Erfahrung gemacht, dass vor allem junge Fundraiserinnen und Fundraiser ihre Spenderinnen und Spender konservativer einschätzen, als sie es tatsächlich sind.

Fakt ist: Rund achtzig Prozent der Deutschen sind online. Über vierzig Millionen nutzen das Internet täglich. Auch die „Silver Ager" surfen, chatten, posten und liken (s. a. Franck 2016, S. 147). Und das geht nicht spurlos an ihrem Sprachempfinden vorbei.

Da es bei der Entscheidung für die angemessene Anrede kein Entweder-Oder gibt, geht auch: Guten Tag sehr geehrte Frau Rubens. Ich setze in diesem Fall ein Komma. Guten Tag, sehr geehrte Frau Rubens.

N. Franck, *Erfolgreich mit Spenderinnen und Spendern korrespondieren,* essentials, DOI 10.1007/978-3-658-16660-1_4

Gruß

Wenn ich ein (Telefon-)Gespräche beende, sage ich:

- „Ein schönes Wochenende“ und nicht: „Hochachtungsvoll“.
- „Viele Grüße an Ihre Frau“ und nicht: „Mit freundlichen Grüßen“.
- „Ich rufe in der nächsten Woche noch einmal an“ und nicht: „Beste Grüße“.
- „Melde Dich doch bald mal wieder“ und nicht: „Ich verbleibe mit ...“?

Ich verbleibe nie – und empfehle, sich am Sprach-Alltag zu orientieren. In vielen Büchern über Korrespondenz heißt der Gruß *„Grußformel“*. *Formel* bedeutet: Ich muss nicht nachdenken, sondern mir nur etwas aus dem Formel-Angebot aussuchen (*Hochachtungsvoll, mit freundlichen Grüßen* usw.). So entsteht 08/15-Korrespondenz. Dabei macht es keine große Mühe, persönlich zu grüßen. Geht ein Brief nach Köln: *Viele Grüße nach Köln* oder *Viele Grüße an den Rhein*. Zum Beispiel.

Zu wissen, dass Köln am Rhein liegt, gehört zur Allgemeinbildung. An welchem Flüsschen Osnabrück liegt, wissen wenige. Es macht deshalb etwas her, mit *Viele Grüße an die Hase* zu schließen. Oder man greift den Slogan auf, mit dem sich die Stadt schmückt: *Viele Grüße in die Friedensstadt*. Gehen häufig Briefe oder Mails an eine Spenderin in Hannover, können es Grüße nach *Hannover*, in die *Landeshauptstadt, Messestadt* oder *an die Leine* sein. Mit wenig Aufwand lässt sich so Korrespondenz variieren.

Bei schönem Wetter kann man „sonnige Grüße“ schicken: *Sonnige Grüße in die Pfalz* oder *Sonnige Grüße aus dem Münsterland*.

Ist man sicher, dass ein Brief montags oder freitags gelesen wird, kann man *Einen guten Start in die neue Woche* oder *Ein schönes Wochenende* wünschen.

Kurz: Jeder Gruß sollte ein *individueller* Gruß sein, Gruß*formeln* sollte man vermeiden. Korrespondenz mit Spenderinnen und Spendern ist viel zu wichtig, um die Chance der Individualisierung nicht zu nutzen.

Betreff

Für den Betreff mache ich Anleihen beim Fernsehen. Die *Tagesthemen* oder politische Magazine beginnen oft mit einer kleinen Vorschau, einem „Appetizer“. Etwa so: „Nomen est omen. Vizekanzler Gabriel spielt den Erzengel für Edeka“. Erst dann folgt das „Guten Abend, meine Damen und Herren“.

Mit einer solchen Vorschau können Spenderinnen und Unterstützer zum Lesen motiviert werden. „Spendenquittung“ ist dagegen ein eher langweiliger Betreff. „Anmeldebestätigung Seminar ‚Trinkwasser für alle‘. Köln, 24.11.2016, 9 Uhr 30 bis 16 Uhr 30“ auch. Beide Betreffs verstoßen gegen ein zentrales Gebot der Kommunikation mit Spenderinnen und Spendern: *Du sollst nicht langweilen*.

Der Betreff soll den Inhalt eines Briefs zusammenfassen. Diese Funktion lässt Freiheiten. Nirgends ist festgelegt, dass man aus dem Betreff einen bürokratischen Akt machen muss (es sei denn, man korrespondiert mit dem Finanzamt oder einer anderen Behörde). Man kann zum Beispiel, dankt man einer Spenderin, im Betreff schreiben: „Choti sagt danke“. Das macht neugierig: Danke wofür? Und wer ist Choti? Im Brief wird die Spenderin darüber informiert, dass ihre Spende über 75 EUR einem neunjährigen Jungen in Laos ermöglicht, ein halbes Jahr die Grundschule zu besuchen.

PS

Früher schrieb man unter den Gruß das, was man vergessen hatte. Wer einen PC besitzt, kann Informationen problemlos nachträglich einfügen. Ein Postskriptum ist also nicht mehr notwendig. Trotzdem sollte man nicht darauf verzichten: Viele Menschen lesen zuerst das PS. Deshalb ist in nahezu jedem Spenden-Mailing ein PS zu finden. Auch in der Spender-Korrespondenz sollte genutzt werden, dass ein PS Aufmerksamkeit auf sich zieht. Zum Beispiel für kurze Informationen über einen Erfolg, über ein neues Projekt oder für einen erneuten Dank, der zeigt, dass Spenderinnen und Spender beachtet und geschätzt werden: „Das ist übrigens Ihre zwölfte Spende. Ein Dutzend Gründe für ein herzliches Danke“. – Der PS-Kreativität sind keine Grenzen gesetzt.

Nicht selten werden die Chancen vertan, die Betreff und PS eröffnen. Dabei macht es nicht viel Mühe, (potenzielle) Spenderinnen und Spender gewinnend anzusprechen. Man muss nur Grußformel- und andere Routinen durchbrechen. Ein Beispiel:

„Sehr geehrte Frau Brandt,

wunschgemäß übersenden wir Ihnen anliegend unsere Broschüre „Natur erspüren“, in der wir uns und unseren Naturgarten für blinde und sehbehinderte Kinder vorstellen möchten.

Falls Sie den Wunsch haben, sich unseren Garten einmal persönlich anzusehen oder wenn Sie Fragen an uns haben, stehen wir Ihnen gerne – nach kurzer telefonischer Terminabsprache – zur Verfügung.

Mit freundlichen Grüßen

Peter Schön

Anlage“

Ich verwende den schönen Titel der Broschüre als Betreff. Das schafft Platz für den Hinweis, dass sich Herr Schön über das Interesse von Frau Brandt *gefreut* hat. Deshalb schickt er auch *gerne* Informationen über die Arbeit des Vereins und nicht „wunschgemäß". Schreiben im Geiste des 21. Jahrhunderts heißt auch: begründen, warum eine Terminabsprache gewünscht wird. Schließlich: „Anlage" ist überflüssig. Ein werbendes PS nicht.

Natur erspüren

Guten Tag Frau Brandt,

über Ihr Interesse an unserem Garten haben wir uns gefreut. Gerne senden wir Ihnen Informationen über unsere Arbeit.

Wir laden Sie ein, sich unseren schönen Garten einmal anzusehen. Vereinbaren Sie bitte einen Termin, wenn Sie vorbeikommen möchten, damit wir uns Zeit für Sie nehmen können.

Viele Grüße nach Solingen

Peter Schön

Im nächsten Monat „eröffnen" wir unser Insektenhotel und auf der Schmetterlingswiese werden wieder die Wildblumen blühen.

Lebendige Sprache sollte begleitet sein von einem Textaufbau, der sich an den Interessen der Leserinnen und Leser orientiert. Wie das gelingt, ist Thema in Kasten 4.1 – auf einen Blick zu sehen in Abb. 4.1.

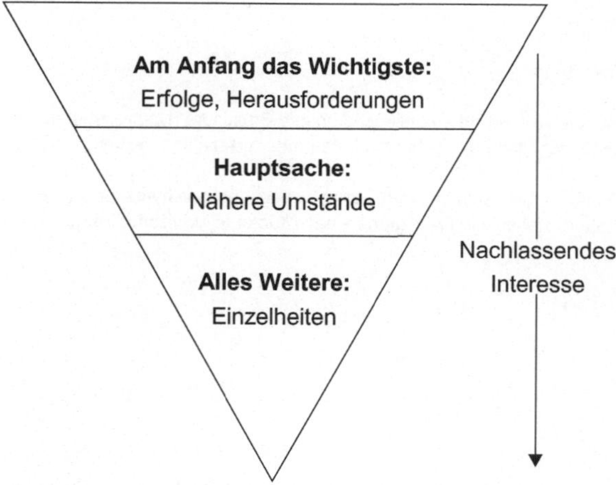

Abb. 4.1 Das Wichtigste zuerst

Damit Texte gelesen werden: Das Wichtigste zuerst

Briefe, Mails, Newsletter sollen gelesen werden. Ob sie gelesen werden, entscheidet sich oft bereits nach den ersten Zeilen. Machen sie neugierig? Gibt es etwas Interessantes zu lesen? In der Korrespondenz mit Spenderinnen und Spendern heißt das vor allem: mit Erfolgen oder Herausforderungen anfangen. Beginnt ein Brief langweilig, langatmig, unverständlich oder mit Vereinsprosa (zum Beispiel mit dem „übergeordneten Leitmotiv, das in der Satzung verankert ist"), springen viele Leserinnen und Leser ab.

Langatmig meint zum Beispiel:

Sehr geehrte Damen und Herren,
in gemeinsamer Anstrengung mit der Stadt Luckenfelde und dem Dahme-Spree-Kreis ist es dem Verein für Jugendsozialarbeit e. V. gelungen, das Haus der Jugend in der Oderstraße 22 zu sanieren und die unter pädagogischer Leitung stehende Einrichtung wieder allen Jugendlichen der Stadt zur Verfügung zu stellen.

Der Trägerverein kann sich jedoch nicht selbstzufrieden zurücklehnen. Verbesserungen in den Angeboten mit dem Ziel einer höheren Akzeptanz sind ein Nahziel, das mit langem Atem erreicht werden soll.

Wahrscheinlich werden sich nur wenige Damen und Herren wundern, dass der Trägerverein einen *langen Atem* braucht, um ein *Nahziel* zu erreichen, weil die Substativ-Kette in den ersten Zeilen abschreckt, weiter zu lesen.

Was könnte interessieren und zum Lesen animieren? Mein Vorschlag:

Eine gute Nachricht

Guten Tag,
das Haus der Jugend in der Oderstraße ist saniert und [ich erfinde einen Nutzwert] bietet in neuen Räumen mehr Möglichkeiten der Freizeitgestaltung.

Das ist die Kernbotschaft, die sich die Leserinnen und Leser merken – und möglichst weitererzählen – sollen. Daran kann sich anschließen, dass die Sanierung ein gemeinsames Projekt von Verein, Stadt und Landkreis war. Was „unter pädagogischer Leitung" meint, müsste erläutert und dieser Satz ersatzlos gestrichen werden: „Der Trägerverein kann sich jedoch nicht selbstzufrieden zurücklehnen". Was soll eigentlich gesagt werden? *Jetzt wollen wir das Freizeitangebot im Haus der Jugend ausbauen.* Das könnte die Eltern in Luckenfelde interessieren und zu einer Spende veranlassen. Deshalb sollte erläutert werden, was „Verbesserungen in den Angeboten" bedeutet.

Kurz: Das Wichtigste zuerst und das *Focus*-Motto beachten: Immer an die Leserinnen und Leser denken: Was könnte *sie* interessieren?

Beziehungsbotschaft: Sie sind uns wichtig. Individuelle Ansprache 5

Die Wertschätzung von Spenderinnen und Spendern kann man auch dadurch deutlich machen, dass sie keine Briefe mit Formulierungen „von der Stange" erhalten. Eine individuelle Ansprache statt einer Aneinanderreihung von Textbausteinen signalisiert: *Sie sind uns wichtig.*

Mit *Textbausteinen* meine ich Standard-Formulierungen, die seit Jahrzehnten tradiert und ohne nachzudenken verwendet werden. Man beginnt mit „anliegend übersenden wir Ihnen Ihre Spendenquittung". Oder schreibt: „anbei überreiche wir Ihnen eine persönliches Dankschreiben von …". Man verspricht für Fragen, die oft *Rückfragen* genannt werden, *zur Verfügung zu stehen* – und das gelegentlich auch *jederzeit!*

Ein Briefanfang mit *anliegend* oder *anbei* tut nicht weh; er ist auch nicht falsch, weil es keine richtigen oder falschen Briefanfänge gibt. Ein solcher Anfang ist aber eine vertane Chance – zum Beispiel zu *danken* oder sich über Interesse zu *freuen.* Deshalb sollten Briefe und Mails mit Formulierungen aus dem Floskel-Baukasten, mit antiquierten Kontor-Textbausteinen in der Korrespondenz mit Spenderinnen und Spendern tabu sein. Deshalb sollte man es mit Goethe halten, der Faust im Studierzimmer sagen lässt: „Bedenke wohl die erste Zeile, dass deine Feder sich nicht übereile". Deshalb biete ich Alternativen zu dem bürokratischen Quellstoff, der am häufigsten anzutreffen ist. Der wichtigste Gedanke: *Selbst überlegen, was möchte man ausdrücken?* Und was ist *dafür* die passende Formulierung?

Anlage, anbei

- In der Anlage senden wir Ihnen die gewünschten Informationen.
- Anbei übersenden wir Ihnen Ihre Spendenquittung.

N. Franck, *Erfolgreich mit Spenderinnen und Spendern korrespondieren,* essentials, DOI 10.1007/978-3-658-16660-1_5

Die freundliche anlagenfreie Alternative:

- Gerne senden wir Ihnen die gewünschten Informationen.
- Mit einem herzlichen Dank für Ihre Unterstützung sende ich Ihnen die Spendenquittung für 2016.

Bezug, sich beziehen

- Bezug nehmend auf Ihr Scheiben vom …
- Wir beziehen uns auf Ihre Mail vom …

Der freundliche Brief- oder Mailanfang:

- Vielen Dank für Ihren Brief. Gerne beantworte ich Ihre Fragen zur …
- Über Ihre Mail habe ich mich sehr gefreut.

Dank

- ABC kann Not leidenden Menschen, auch dank Ihrer Unterstützung, mit Decken und Zelten versorgen.

Die direkte Ansprache ist stets erste Wahl:

- Ihre Unterstützung hilft uns, Not leidende Menschen mit Decken und Zelten zu versorgen. Vielen Dank!

dienen, dienlich sein

- Ich hoffe, Ihnen mit diesen Informationen gedient zu haben.
- Wir hoffen, Ihnen mit diesen Informationen dienlich gewesen zu sein.

Es ist löblich, der Menschheit, dem Guten, Wahren und Schönen zu dienen. Unseren Mitmenschen helfen wir. Oder wir sind für sie da.

- Ich hoffe, die Informationen helfen Ihnen weiter.

dürfen

- … darf ich mich für Ihre wertvolle Anregung bedanken.

Einfach tun:

- Ich danke Ihnen für Ihre wertvollen Anregungen.

erhalten 1

- Wir haben Ihr Schreiben (dankend) erhalten

Die freundliche und floskelfreie Alternative:

- Vielen Dank für Ihr Interesse an unserer Arbeit (unserem Projekt in Bolivien). Oder: Vielen Dank für Ihre kritischen Wort über unseren neuen Sponsor.

erhalten 2

- Ihre Spendenquittung erhalten Sie immer im Januar als Sammelquittung …
  Die Wir-Ihnen-Alternative:
- *Wir* senden *Ihnen* immer im Januar …

falls

- Falls Sie weitere Fragen haben, rufen Sie uns an.
  Freundlich und ohne Vorgabe, anzurufen:
- Bitte melden Sie sich, wenn Sie noch Fragen haben.

gestatten

- Wir gestatten uns, darauf hinzuweisen, dass …
  Die direkte freundliche Ansprache ist stets erste Wahl:
- Bitte beachten Sie, dass …

hiermit

- Hiermit möchte ich Sie darüber informieren, dass …
  Es geht auch ohne *hiermit:*
- Ich möchte Sie darüber informieren. Freundlicher: Bitte beachten Sie, dass …

höflichst

- Wir bestätigen Ihre Anmeldung vom 24.1.2017 und bitten Sie höflichst, uns mitzuteilen, ob Sie …
  Bitten ist höflich:
- Vielen Dank für Ihre Anmeldung. Bitte teilen Sie uns mit, ob Sie …

in Beantwortung

- In Beantwortung Ihres Schreibens vom 19.09.2016 …
  Ein komplett überflüssiger und nicht sehr freundlicher Einstieg. Besser:
- Vielen Dank für Ihr Angebot, unsere Arbeit …
- Über Ihr Interesse an … haben wir uns gefreut.

in Höhe von

- Für die Betreuung der Flüchtlingskinder entstehen Kosten in Höhe von … pro Monat.

Alltagsnäher:

- Für die Betreuung der Flüchtlingskinder entstehen Kosten von … pro Monat.

Alltagsnäher und kürzer:

- Die Betreuung der Flüchtlingskinder kostet … pro Monat.

in Kenntnis setzen

- Wir möchten Sie darüber in Kenntnis setzen, dass …

Freundlicher:

- Bitte beachten Sie, dass …

mit Datum

- Eine Einladung ging Ihnen bereits mit Datum vom 12.08.2016 zu.

Ohne *Datum* und ohne die überflüssige Null:

- Wir haben Sie bereits am 12.8.2016 eingeladen (Wir haben Ihnen bereits am 12.8.2016 eine Einladung geschickt).

mitteilen

- Ich beziehe mich auf unser am 14.2.2017 geführtes Telefonat und teile Ihnen hiermit folgendes mit: …

Nicht nacherzählen und immer freundlich:

- Ich möchte Sie darüber informieren, dass …

o.g. obig

- Wir bestätigen Ihre Anmeldung zum o. g. Spendertreffen.
- In obiger Angelegenheit füge ich eine Informationsbroschüre bei.

Immer schreiben, was Sache ist:

- Wir freuen uns, dass Sie an der Exkursion der Unterstützerinnen und Unterstützer des Fischotters teilnehmen.
- Gerne sende ich Ihnen unsere Broschüre über den Schweinswal.

umseitig

- Umseitig übersenden wir Ihnen Informationen über …

Freundlicher und alltagsnäher:

- Bitte beachten Sie die Informationen über … auf der Rückseite.

unserseits

- Unsererseits steht dem Projekt nichts entgegen.

Schlichter und alltagsnäher:

- Wir sind mit dem Projekt einverstanden.

verbleiben

- Mit der Bitte um Verständnis verbleiben wir …
  Verbleiben Sie nie!

weiterhin

- Auf weiterhin gute Zusammenarbeit verbleibe ich …
  Schlichter und alltagsnäher:
- Ich hoffe, dass wir weiter so gut zusammenarbeiten.

wunschgemäß

- Wunschgemäß übersenden wir Ihnen …
  Mit mehr Enthusiasmus und ohne *über* vor *senden:*
- Gerne senden wir Ihnen …

zur Verfügung

- Für weitere Fragen stehen wir gerne zur Verfügung
  Es kann zu Haltungsschäden führen, wenn man *zur Verfügung steht.* Deshalb:
- Bitte melden Sie sich, wenn Sie noch Fragen haben. Oder: Wir sind gerne für Sie da, wenn Sie noch Fragen haben.

Zwei Anwendungsbeispiele für diese und die Empfehlungen in den vorangegangenen Kapiteln:

„Sehr geehrter Herr Lohmann,

wir bedanken uns für Ihre Spende in Höhe von 50 Euro zugunsten unserer Katastrophenhilfe.

Dank Ihnen und weiterer Mitstreiter kann ABC notleidende Menschen in … mit Decken und Zelten versorgen.

Anliegend übersende ich Ihnen Ihre Spendenquittung und eine Information über die Arbeit von ABC.
Rufen Sie uns an, falls Sie noch Fragen haben oder weitere Auskünfte wünschen: 030 2 …

Mit freundlichen Grüßen, [sic]

Tina Jäger
Spendenkommunikation“

Mein Vorschlag kommt ohne Dank-Doppelung aus, ohne *in Höhe* und *anliegend* und ohne *falls.* Hat man noch Fragen, dann *wünscht man weitere Auskünfte.* Deshalb kann dieser Satz kürzer ausfallen. Dafür ein paar Worte mehr zur Verwendung der Spende sowie ein Betreff und ein PS:

Herzlichen Dank für Ihr Vertrauen

Guten Tag Herr Lohmann,

über Ihre Spende haben wir uns sehr gefreut. Ihre Unterstützung hilft uns, Not leidende Menschen in … mit Decken und Zelten zu versorgen. Das ist gerade jetzt sehr wichtig, da es schon seit einigen Tagen nachts bitter kalt ist. Und darunter leiden besonders die ganz Kleinen.

Ich sende Ihnen eine Spendenquittung und Informationen über unsere Hilfsorganisation. Bitte melden Sie sich, wenn Sie noch Fragen zu unserer Arbeit haben.

Viele Grüße nach Kleinmachnow

Tina Jäger
Spendenkommunikation

Mit weniger als einem Euro am Tag können Sie Kindern in den ärmsten Ländern Afrikas eine Zukunft ermöglichen und zur Entwicklung einer ganzen Region beitragen. Mehr über Patenschaften unter www.…org/patenschaften

Auch das zweite Beispiel ist ein Dankesschreiben:

Herzlichen Dank

Sehr geehrter Herr Orth,

anlässlich des Kreisschützenfestes haben Sie der …eine Spende zukommen lassen. Wir haben uns sehr über Ihre Spende in Höhe von 345 Euro gefreut und danken Ihnen sehr herzlich für Ihre großzügige Unterstützung.
Wie wir aufgrund der von Ihnen erfolgten Einladung zwecks Scheckübergabe mitgeteilt haben, unterstützt die … zahlreiche unterschiedliche Projekte für hilfsbedürftige Kinder in der heimischen Region sowie auch im In- und Ausland, wobei Bildungsförderung einer unserer Hauptschwerpunkte darstellt.
Über das zu gegebener Zeit mit der erhaltenen Spende ausgewählte Projekt halten wir Sie auf dem Laufenden.
Mit Ihrer Unterstützung bringen Sie auf besondere Weise Ihr Vertrauen in unsere Arbeit zum Ausdruck, auch dafür ein aufrichtiges Dankeschön.

Wir wünschen Ihnen eine besinnliche Adventszeit.

Mit freundlichen Grüßen

Elke Hovermann

Anlage: Zuwendungsbestätigung für Ihre Spende

Meine Version kommt mit weniger Wiederholungen aus, weil eine Grundregel der Kommunikation beachtet wird: Anderen nicht mitteilen, was diese bereits wissen:

„Stellen Sie sich vor, Sie sitzen in einem Zug und jemand steigt in Hannover zu. Sie sagen zu ihm: ‚Sie sind in Hannover zugestiegen'. Er wird sie erstaunt anblicken und wissen wollen, warum Sie ihm das sagen, denn Sie haben eine Konversationsregel verletzt: Wir sind gehalten, unseren Adressaten nur das zu sagen, was sie vermutlich noch nicht wissen" (Keseling 2013, S. 212).[1]

Vielen Dank für Ihre großzügige Unterstützung

Guten Tag, sehr geehrter Herr Orth,

über Ihre Spende haben wir uns sehr gefreut. Die … unterstützt hilfsbedürftige Kinder in unserer Region und im gesamten Bundesgebiet sowie im Ausland. Besonders engagieren wir uns in der Bildungsförderung.
Selbstverständlich werden wir Sie darüber informieren, was wir mit Ihrer Spende für die Kinder erreicht haben.
Sehr geehrter Herr Orth, mit Ihrer Hilfe ermöglichen wir Kindern eine Zukunft, die keinen guten Start ins Leben hatten. Auch im Namen dieser Kinder danken wir Ihnen ganz herzlich.

Wir wünschen Ihnen eine besinnliche Adventszeit.

Viele Grüße aus der Leibnizstraße

Elke Hovermann

Das Gute an Spenden für das Gute: Sie können von der Steuer abgesetzt werden. Wir schicken Ihnen die Spendenquittung mit.

Auf der sicheren Seite: Gendergerechte Sprache

Wenn der *liebe Spender* oder *Unterstützer* eine Spenderin oder Unterstützerin ist und unter den *sehr geehrten Herren* viele Damen sind, dann ist ein Brief ebenso misslungen wie eine Mitteilung an alle *Mitarbeiter,* in der die Mitarbeiterinnen nicht vorkommen. Frauen wollen nicht *mit*gemeint sein, sondern angesprochen werden – aber nicht als Spender, sondern als Spenderin und nicht als Sponsoren, sondern als Sponsorinnen.

Frauen lassen sich auch nicht mehr damit abspeisen, lediglich in der Anrede als Förderin angesprochen zu werden. Sie wollen auch im Text als *Expertin, Umweltschützerin, Spenderin* usw. vorkommen. Deshalb sollte

[1]Am Rande: Ein *Schwerpunkt* braucht kein *Haupt* davor, *sowie* macht ein *auch* überflüssig; will man sich an der DIN 5008 für Geschäftskorrespondenz orientieren, dann verzichtet man auf den Doppelpunkt nach *Anlage.*

von Spenderinnen und Spendern oder von Förderinnen und Förderern die Rede sein und der *Fachmann* durch die *Fachkraft* oder *Fachleute* ersetzt werden. Nicht nur der Großspender will über die Verwendung seines Geldes informiert haben, sondern auch die Großspenderin, die viel Geld überwiesen hat. Deshalb sollten sie auch genannt werden. Oft hilft der Plural. Ein wenig Überlegung hilft immer:

- Freiwillige sind eine wichtige Stütze der Zivilgesellschaft (statt: Der Freiwillige ist eine wichtige Stütze der Zivilgesellschaft).
- Allen, die uns großzügig mit Spenden unterstützt haben, danken … (statt: Allen Spendern danken …).
- Wer die Natur liebt, sollte … (statt: Naturliebhaber sollten …).
- Noch immer sehen nur wenige junge Frauen in der Feuerwehr eine interessante Arbeitgeberin.

Missglückt ist folgender Versuch, für den sich ein gemeinnütziges Bildungswerk entschieden hat: „.Sehr geehrter Herr Hofmann, wir freuen uns, Sie als Teilnehmer/-in in unserem Seminar … begrüßen zu können“.

Beziehungsbotschaft 2: Wir können uns in Ihre Lage versetzen. Die Sicht der Spenderinnen und Spender einnehmen

6

In einem Vortrag über Fundraising für kleine Vereine und Initiativen formulierte Vera Dittgen (2014) etwas pathetisch: Erfolg hat die NGO, die „mit dem Kopf des Spenders denkt, mit dem Herzen des Spenders fühlt mit den Augen des Spenders sieht, mit den Ohren des Spenders hört, mit den Vorteilen des Spenders rechnet, mit der Sprache des Spenders spricht und mit der Logik des Spenders argumentiert".

Ich beziehe diesen Hinweis auf Korrespondenz und formuliere ihn ein wenig nüchterner: Sollen Spenderinnen und Spender erreicht werden, muss ihre Perspektive beim Schreiben leitend sein. Kommunikation misslingt, um auch ein wenig Pathos zu bemühen, dramatisch, wenn *Sachbearbeitung* die Schreib-Perspektive ist. Dafür je ein Beispiel aus dem kommerziellen und aus dem NGO-Bereich:

Herr Rosenthal ist neu in der Stadt und möchte eine neue Bankverbindung. Er schreibt an eine Bank in der 60 km entfernten Landeshauptstadt München, dass er ein Konto eröffnen und einen Termin für eine Anlage-Beratung möchte. Die Bank antwortet:

„Ihr Schreiben vom 17.05.2…

Sehr geehrter Herr Rosenthal,

bezugnehmend auf das o.g. Schreiben, bitten wir Sie, sich an unsere Zweigstelle in Ihrer Stadt zu wenden. Sie ist in der Fürstenstraße 23.

Mit freundlichen Grüßen"

Die Antwort verschenkt die Chance, einen guten Eindruck bei Herrn Rosenthal zu hinterlassen. Blickt man aus seiner Perspektive auf den Satz, „…bitten wir Sie, sich an unsere Zweigstelle in Ihrer Stadt zu wenden", wird deutlich: Das ist angenehm für ihn. Das sollte ausdrücklich geschrieben werden:

N. Franck, *Erfolgreich mit Spenderinnen und Spendern korrespondieren,* essentials, DOI 10.1007/978-3-658-16660-1_6

Das Gute ist oft so nah

Guten Tag Herr Rosenthal,

wir freuen uns über Ihr Vertrauen – und haben eine gute Nachricht: Sie müssen nicht nach München fahren. Eine Filiale unserer Bank ist auch in Ihrer Stadt: in der Fürstenstraße 23. Dort werden Sie kompetent beraten.

Viele Grüße nach …

Am Rande bemerkt: Ich habe den Brief inhaltlich nicht verändert, sondern nur kundenfreundlicher formuliert. Ein guter Service würde den Satz einschließen: „Wenden Sie bitte an Frau Gehrmann, sie wird Sie gerne und gut beraten". Und ein sehr guter Service den Hinweis: „Wir haben Ihren Brief an Frau Gehrmann geschickt, sie ist informiert, wenn Sie sich bei ihr melden".

„9. August 2016

Betreuungspauschale

Sehr geehrte Frau Kruse,

die Betreuungskosten wurden ab dem 01.05.2016 von 296,02 € auf 284,46 € geändert. Sie haben jedoch für die Monate Mai bis August noch 296,02 € bezahlt. Somit ergibt sich eine Überzahlung in Höhe von 46,24 €.

Wir bitten Sie, in Zukunft nur noch 284,46 € zu überweisen und die Überzahlung bei Ihrer nächsten Zahlung zu verrechnen.

Für Ihr Bemühen danken wir im Voraus und verbleiben

mit freundlichen Grüßen

Jens Dorn
Regionalverband ... e.V.
Buchhaltung"

Dieser Brief enthält eine gute Nachricht für Frau Kruse. Er liest sich jedoch wie eine unfreundliche Mahnung: *Wie können Sie nur zu viel Geld überweisen!* Aus einem Guthaben wird eine *Überzahlung.*

Frau Kruse macht sich sicher gerne die Mühe, künftig nur noch 284,46 € zu überweisen. Für diese *Bemühung* muss ihr nicht *im Voraus gedankt* werden (besser wäre das eigene Bemühen, Frau Kruse 46,24 € zu überweisen).

Nimmt man die Perspektive von Frau Kruse ein, entsteht ein völlig anderer – freundlicher – Brief:

Eine gute Nachricht

Guten Tag Frau Kruse,

die Betreuungskosten wurden am 1.Mai 2016 gesenkt: von 296,02 € auf 284,46 €.

Von Mai bis August haben Sie noch 296,02 € überwiesen. Daher haben Sie bei uns ein Guthaben von 46,24 €.

Wir bitten Sie, Ihre nächste Überweisung um diesen Betrag zu reduzieren und künftig nur noch 284,46 € zu überweisen.

Mit freundlichen Grüßen

Bleibt die Perspektive der Empfängerinnen und Empfänger unbeachtet, geraten Brief oft unhöflich und manchmal skurril. Für beide Fälle ein Beispiel.

„**Fort- und Weiterbildung des Hochschulpersonals**

Sehr geehrte Frau Engels,

Sie haben sich im Rahmen des Weiterbildungsangebots für das Personal der Universität für den Kurs

Moderne Korrespondenz

- am 07. März 2016
- von 9.00 Uhr – 16.30 Uhr

angemeldet.
Der Kurs wird wie angekündigt durchgeführt. Bitte finden Sie sich um 9.00 Uhr im

- Fachbereich Philosophie, Hegelstraße 14, Raum 22/102

ein.
Sollten Sie aus einem wichtigen Grund an dem Kurs nicht teilnehmen können, bitte ich um einen kurzen schriftlichen oder telefonischen Hinweis.

Mit freundlichen Grüßen

i. A. Gisela Horn"

Meine Überarbeitung:

1. Überflüssiges streichen:
   - *Fort- und Weiterbildung des Hochschulpersonals,*
   - dass Frau Engels sich für den Kurs angemeldet hat, muss ihr nicht noch einmal mitgeteilt werden,
   - dass sich Frau Engels *im Rahmen des Weiterbildungsangebots für das Personal der Universität* angemeldet hat, ist uninteressant.
2. Einen positiven Einstieg wählen: Der Kurs findet statt. Das ist eine erfreuliche Nachricht für Frau Engels. Die gute Nachricht kommt in den Betreff.

3. Den missglückten Satz „Bitte finden Sie sich … ein“ überarbeiten: *Einfinden* muss man sich vielleicht zum Haftantritt oder zur Einschulung – aber nicht Frau Engels, die freiwillig an einem Kurs teilnimmt.
4. *Sehr geehrte* wird durch *Guten Tag* ersetzt.
5. Vor dem Gruß steht ein freundlicher Schlusssatz.
6. Der Gruß wird individualisiert.

Eine gute Nachricht

Liebe Kollegin Engels,

der Kurs *Moderne Korrespondenz* findet statt.
Am 6. März
Von 9 Uhr bis 16 Uhr 30
Im Raum 22/102 des Fachbereichs Philosophie, Hegelstraße 14.

Bitte informieren Sie mich, wenn Sie an dem Kurs nicht teilnehmen können.

Ich wünsche Ihnen anregende Stunden.

Viele Grüße aus dem Hauptgebäude

i.A. Gisela Horn

Die skurrile Variante:

„Seminar-Nr.:	**086/16**
Thema:	**Grundkurs Fundraising**
Termin:	**31.8. – 2.9.2016**
Ort:	**53175 Bonn Langer Grabenweg 68**

Sehr geehrter Herr Hoffer,

in den Unterlagen für o.g. Kurs hat sich leider ein Fehler eingeschlichen: Das Seminar startet am Mittwoch, den 31.08.2016 um 10:00 h und nicht um 09:00 h! (An allen anderen Tagen beginnen wir um 9:00 h)
Wir bedanken uns für Ihr Verständnis und verbleiben

Mit freundlichen Grüßen“

Herr Hoffer kann eine Stunde länger schlafen oder ausgiebiger frühstücken – und wird in einem mit einem Monster-Betreff (kopiert aus der Anmeldebestätigung) für einen Irrtum um Verständnis gebeten, der für die meisten Teilnehmerinnen und Teilnehmer eine gute Nachricht ist. Deshalb:

Der *Grundkurs Fundraising* beginnt eine Stunde später

Guten Tag Herr Hoffer,

am ersten Tag geht es erst um 10 Uhr los. Sie können also ein wenig länger schlafen, ausgiebiger Frühstück oder kurz am Rhein vorbeischauen. (Oder: Wir hoffen, dass Sie unser kleiner Fehler in der Anmeldebestätigung erfreut.)
Wir wünschen Ihnen eine gute Anreise.

Viele Grüße nach Wiesbaden

Dem Fisch muss der Köder schmecken, nicht dem Angler: Schreiben ist schreiben für andere. Deshalb lautet das erste Schreib-Gebot: *immer an die potenziellen Leserinnen und Leser denken.* Was mag sie interessieren, neugierig machen, überzeugen? Lyriker oder Schriftstellerinnen mögen sich als unverstandene Größen gefallen. Im Fundraising kommt man mit dieser Attitüde nicht weiter, denn jeder schlechte Text ist eine verpasste Kommunikationschance.

Nimmt man die Perspektive der Spenderinnen und Spender ein, vermeidet man einen Kardinalfehler jeder Korrespondenz: den Verein oder Verband in den Mittelpunkt rücken – statt das, was für Spenderinnen wichtig, für Spender interessant sein könnte. In der *Einladung zu einem Spendertreffen* steht zum Beispiel das Informations- oder Unterhaltungsangebot im Vordergrund: Was ist interessant, was spannend oder unterhaltsam? Deshalb kommt nicht der Vereinsname in den Betreff – nach dem Muster „Engagiert mit ABC“. Vielmehr wird eine Vorschau gegeben, was die Spenderinnen und Stifter erwartet: „Wandern im Buchenwald auf den Spuren der Wildkatze“. Oder: „Spannende Projektberichte und Einblicke in das Leben der Biber“. Auf Selbstlob wird verzichtet: Es ist nicht von einem „vielfältigen Programm rund und die Arbeit der Stiftung“ die Rede, vielmehr wird dieses Programm so anschaulich beschrieben, dass die Empfängerinnen und Empfänger den Eindruck gewinnen, ihnen würde ein vielfältiges Programm geboten. Kurz und verallgemeinert: nicht den eigenen Verein oder Verband herausstellen, sondern das, was den Spenderinnen und Spender wichtig ist, was sie interessiert. Diese Empfehlung gilt auch E-Mails, um die es im Kasten 6.1 geht.

Höflichkeit und Klarheit vor Schnelligkeit: Netiquette – 7 Mail-Tipps

Briefe, die schneller ankommen, sollten nicht schneller, sondern genauso sorgfältig formuliert werden wie analoge Post. Was ist noch zu beachten, um nicht gegen Netz-Etikette zu verstoßen, um professionelle E-Mails auf den Weg zu Spenderinnen und Spendern zu bringen?

1. *Prüfen, ob die E-Mail wirklich notwendig ist.*
2. *Korrekt schreiben.* Für E-Mails gelten die gleichen Regeln wie für andere Formen der Korrespondenz: Eine höfliche Anrede und ein freundlicher Gruß sind ebenso selbstverständlich wie die Einhaltung der Rechtschreib- und Grammatikregeln. Eine E-Mail mit vielen Tippfehlern ist unhöflich. Abkürzungen, die im privaten Chat oder in SMS-Nachrichten üblich sein mögen, zum Beispiel *CU* („see you") oder *btw* („by the way"), gehören nicht in E-Mails an Spenderinnen und Spender.
3. *Verständlich und präzise schreiben, so kurz wie möglich und so vollständig wie nötig.* Das erspart den Empfängerinnen und Empfängern Nachfragen und vermeidet, dass die Mail im virtuellen Papierkorb landet.
4. *Einen aussagekräftigen Betreff formulieren.* Wer täglich viele Mails erhält und sich vor Viren schützen möchte, entscheidet auch anhand des Betreffs, ob eine E-Mail geöffnet oder ungelesen gelöscht wird.
5. *Sich nicht wichtig machen.* Wer E-Mails häufig hohe Priorität zuweist, gilt bald als Wichtigtuer. Hohe Priorität sollte daher die Ausnahme sein.
6. *Sorgfältig mit Anhängen umgehen.* Wenn man nicht sicher ist, dass die Empfängerin über eine schnelle und belastbare Datenverbindung verfügt, sollten Dateianhänge nicht größer als 10 MB sein. Dateien sollten in Formaten verschickt werden, die keine Viren übertragen und für die kostenlose Programme angeboten werden – zum Beispiel PDF.

   Der Inhalt des Anhangs sollte in der Mail kurz erläutert werden, damit der Empfänger entscheiden kann, ob er den Anhang sofort oder später öffnen möchte.
7. *Vertraulichen Daten gehören nicht in eine E-Mail.* Disclaimer, die auf die Vertraulichkeit einer Mail hinweisen, haben rechtlich keinen Nutzen, versicherten mir mehrere Juristen. Man kann also getrost darauf verzichten – und sollte darauf verzichten, wenn der Disclaimer länger ist als der eigentliche Mail-Text.

Last, but not least: Die Telefon-Marketing-Erfahrung beachten, dass viele Menschen sich über einen Anruf freuen.

Und wenn ...? Klassische Korrespondenz-Anlässe: Kündigung, Lob, Reklamation

7

Es gibt viele Anlässe, mit Spenderinnen und Spendern zu korrespondieren. Drei solcher Anlässe nutze ich, um die Empfehlungen in den vorangegangenen Kapiteln abschließend noch einmal anzuwenden. Erläuterungen halte ich kurz: Die Antwort-Vorschläge sollen für sich selbst sprechen. Die leitende Frage lautet: Wie antworten, wenn ...

... auf einen Fehler hingewiesen wird?

Die neue Einzugsermächtigung wird gleich doppelt genutzt: der Beitrag jeden Monat zweimal eingezogen. Der Spender beschwert sich nach vier Monaten.

Ehrlich währt am längsten. Deshalb: den Fehler einräumen. Fehler (die sich im Rahmen halten) werden verziehen. Ausreden nicht. Und eine Entschuldigung ist kein Zeichen von Schwäche.

Vielen Dank für Ihren Hinweis

Guten Tag Herr Wiese,

da haben wir einen Fehler gemacht. Wir bitten Sie um Entschuldigung!
Den Fehler haben wir inzwischen korrigiert und Ihnen für die vier Monate, in denen wir doppelt abgebucht haben, 80 Euro überwiesen.
Das Lesezeichen ist eine kleine Entschädigung – verbunden mit dem Versprechen: Der Fehler wiederholt sich nicht.

Viele Grüße nach Detmold

Ursula Fink

Auf unser Webseite haben wir seit Montag einen amüsant-kniffligen Quizz. Mitmachen lohnt: www.schmerz-netz.org

N. Franck, *Erfolgreich mit Spenderinnen und Spendern korrespondieren*, essentials, DOI 10.1007/978-3-658-16660-1_7

... gekündigt wird?

Ein Spender schreibt: „Die Pharmakonzerne verdienen Milliarden. Die Krankenkassen verschleudern Millionen für Schnickschnack, um Mitglieder zu gewinnen, die gut verdienen. Bei so viel gesellschaftlicher Unvernunft habe ich keine Lust mehr, mich individuell für die Gesundheitsforschung finanziell zu engagieren. Ich widerrufe zum Monatsende meine Einzugsermächtigung über 36 EUR/Monat“.

Wer kündigt, erwartet eine Bestätigung. Diese Erwartung sollte schnell und auf den ersten Blick sichtbar erfüllt werden. Erst dann folgt der Versuch, umzustimmen. Wenn immer es möglich ist: nicht widersprechen, sondern den Betrachtungshorizont erweitern:

Wir bestätigen Ihre Kündigung

Guten Tag Herr Becker,

wir bedauern sehr, dass Sie Ihre Einzugsermächtigung widerrufen haben. Wir werden ab Februar kein Geld mehr abbuchen.
Lieber Herr Becker, wir meinen: Gerade dann, wenn viel gesellschaftliche Unvernunft anzutreffen ist, kommt es darauf an, dass jede und jeder Einzelne vernünftig handelt. Die Förderung der Gesundheitsforschung ist sicher sehr vernünftig. Vielleicht können wir deshalb bald wieder auf Sie zählen. Wir würden uns sehr freuen.

Viele Grüße nach Bielefeld

Kurt Kramer

Vor wenigen Tagen haben wir prominente Unterstützung bekommen. Die Schauspielerin … ist Botschafterin unserer Diabetes-Aufklärung geworden.

... die Arbeit gelobt wird?

Eine Spenderin schreibt: „Ich habe heute in der Zeitung über Ihr Engagement in … gelesen. Respekt! Es freut mich, dass meine Spende hilft. Machen Sie bitte weiter so“.

Freuen und antworten. Im Alltag bedanken wir uns für ein Lob. Das sollte erst recht dann selbstverständlich sein, wenn es um Geld geht. Eine kurze freundliche Antwort erfreut die Spenderin, die wahrscheinlich gar nicht mit einem Danke gerechnet hat, und ist eine hervorragende Möglichkeit, für ein Anliegen zu werben.

Über Ihr Lob haben wir uns sehr gefreut

Guten Tag Frau Mohr,

Ihre freundlichen Worte bestärken uns, Tieren in Not auch künftig mit aller Kraft zu helfen. Schön, dass wir dabei auf Sie zählen können.

Eine schöne Woche

Tina Ehrlicher

Im nächsten Monat „eröffnen" wir unser Insektenhotel und auf der Schmetterlingswiese werden wieder die Wildblumen duften. Kommen Sie doch einmal vorbei. Wir würden uns freuen. Der Garten ist von April bis Oktober von 10 bis 17 Uhr geöffnet.

… ein Lob vergiftet ist?

Ein Spender schreibt: „Ich habe Ihnen heute 30 EUR überwiesen, denn in einer moralisch immer mehr verkommenden Welt ist gut zu wissen, dass es noch Menschen gibt die in Gottes Namen helfen. *Lauert die Sünde doch überall!* Auch in unserem inzwischen kulturell völlig überfremdeten Land. Lassen sie sich nicht beirren".

Nicht argumentieren, sondern sich auf die Spende konzentrieren:

Vielen Dank für Ihre Spende

Guten Tag Herr Braun,

Ihre Spende trägt dazu bei, dass wir den Ärmsten der Armen täglich eine warme Mahlzeit anbieten können. Auch im Namen dieser Menschen: vielen Dank!

Mit freundlichen Grüßen

Gianna Eco

Jede Dauerspende hilft, unsere Mittagsküche langfristig zu sichern. Wir würden uns freuen, wenn Sie die Einzugsermächtigung nutzen, die wir Ihnen mitschicken.

In Korrespondenz steckt *respondere:* antworten. Gute Antworten, die Interesse wecken und für den Absender einnehmen, sind individuelle Antworten. Deshalb sollten Standard-Antworten auch dann vermieden werden, wenn täglich viele Briefe und Mails eingehen.

Meine Antwort-Vorschläge fallen kurz aus und bringen doch das Wesentliche zum Ausdruck. Ich verbinde die Empfehlung, kurz und prägnant zu schreiben, mit einer vielleicht etwas ungewöhnlichen Anregung: Die eingesparte Schreibzeit – wenn es möglich und die Antwort besonders wichtig ist – nutzen, um mit einer handschriftlichen Antwort Eindruck zu machen.

Was Sie aus diesem *essential* mitnehmen können

Korrespondenz ist Kommunikation. Korrespondenz mit Spenderinnen und Spendern hat dann Chancen, erfolgreiche Kommunikation zu sein, wenn

- anschauliche Formulierungen und Verben statt schwergängiger Substantive signalisieren, dass eine Non-Profit-Organisation dynamisch und zupackend und eine Spende deshalb bei ihr gut aufgehoben ist;
- Leben in den Texten ist, Anliegen in der Sprache von heute zum Ausdruck gebracht werden;
- Spenderinnen und Spender individuell angesprochen werden – ohne vorgestanzte und verstaubte Formulierungen;
- Briefe, Mails und Newsletter aus der Perspektive der Spenderinnen und Spender geschrieben werden.

Und:

- Wir können nicht nicht kommunizieren.
- Schreibe kurz, klar und bildhaft.
- Was gestrichen ist, kann nicht durchfallen.
- Du sollst nicht langweilen.
- Verständlichkeit ist ein Gebot der Höflichkeit.
- Immer an die potenziellen Leserinnen und Leser denken.
- Das Wichtigste zuerst.

N. Franck, *Erfolgreich mit Spenderinnen und Spendern korrespondieren,* essentials, DOI 10.1007/978-3-658-16660-1

Literatur

Bölling, P., & Kluck, N. (2016). Hochschulfundraising in Deutschland. In Fundraising-Akademie (Hrsg.), *Fundraising. Handbuch für Grundlagen, Strategien und Methoden* (5. Aufl., S. 603–622). Wiesbaden: Gabler.

Dittgen, V. (2014). Fundraising für kleine Vereine und Initiativen. Vortrag auf der Studientagung *Fundraising für Umwelt und Entwicklung* 27./28. Januar 2014. www.franz-hitze-haus.de/fileadmin/redakteure/download/Dittgen_Einsteigen_ins_Fundraising.pdf.

Franck, N. (2016). *Praxiswissen Presse- und Öffentlichkeitsarbeit. Ein Leitfaden für Verbände, Vereine und Institutionen* (3. Aufl.). Wiesbaden: Springer VS.

Goethe, J. W. von. (1948). *Maximen und Reflexionen. Gedenkausgabe* (9. Aufl.). Zürich: Artemis.

Haibach, M. (2012). Hochschul-Fundraising in Deutschland vor dem Take-Off? http://sozialmarketing.de/hochschul-fundraising-in-deutschland-vor-dem-take-off.

Keseling, G. (2013). Schreibblockaden überwinden. In N. Franck & J. Stary (Hrsg.), *Die Technik wissenschaftlichen Arbeitens* (17. Aufl., S. 191–216). Paderborn: Schöningh.

Körber-Stiftung. (Hrsg.), (2015). Wie finanzieren sich zivilgesellschaftliche Organisationen in Deutschland? Eine Sonderauswertung Des ZiviZ- Surveys. www.koerber-stiftung.de/fileadmin/user_upload/gesellschaft/medien-downloads/finanzierung_zivilgesellschaft_ziviz.pdf.

Naskrent, J. (2010). *Verhaltenswissenschaftliche Determinanten der Spenderbindung. Eine empirische Untersuchung und Implikationen für das Spenderbindungsmanagement.* Frankfurt a. M.: Peter Lang Internationaler Verlag der Wissenschaften.

Schulz, F. von Thun. (1988). *Miteinander reden: Störungen und Klärungen. Psychologie der zwischenmenschlichen Kommunikation.* Reinbek: Rowohlt.

Gerold-Tucholsky, M. von., & Raddatz, F. J. (1993a). *Kurt Tucholsky: Zeitungsdeutsch und Briefstil. Gesammelte Werke* (7. Aufl., S. 274–276). Reinbek: Rowohlt.

Gerold-Tucholsky, M. von., Raddatz, F. J. (1993b). *Kurt Tucholsky: Zeitungsdeutsch und Briefstil. Gesammelte Werke* (8. Aufl., S. 290–292). Reinbek: Rowohlt.

Urselmann, M. (2014). *Fundraising – Professionelle Mittelbeschaffung für steuerbegünstigte Organisationen* (6. Aufl.). Wiesbaden: Springer Gabler.

Watzlawick, P., Beavin, J. H., & Jackson, D. D. (1996). *Menschliche Kommunikation* (9. Aufl.). Bern: Huber.

N. Franck, *Erfolgreich mit Spenderinnen und Spendern korrespondieren*, essentials, DOI 10.1007/978-3-658-16660-1

Literaturtipps und Links

Franck, N. (2011). *Schreiben wie ein Profi* (5. Aufl.). Köln: Bund-Verlag.
Fundraising-Akademie. (Hrsg.). (2016). *Fundraising. Handbuch für Grundlagen, Strategien und Methoden* (5. Aufl.). Wiesbaden: Gabler.
Haibach, M. (2012). *Handbuch Fundraising: Spenden, Sponsoring, Stiftungen in der Praxis* (4. Aufl.). Frankfurt a. M.: Campus.
Lampe, M., Ziemann, K., & Ullrich, A. (Hrsg.). (2015). *Praxishandbuch Online-Fundraising.* Bielefeld: transcript. www.transcript-verlag.de/praxishandbuch-online-fundraising.
Matuschek, K., & Morcos, S. (2016). Reputationsmanagement. Reputation oder „der gute Name" von NPO. Friedrich-Ebert-Stiftung Praxishilfe Management und Politik. www.fes-mup.de/files/mup/pdf/arbeitshilfen/MuP-Praxishilfe_Reputationsmanagement.pdf.
Tucholsky, K. (1989). *Sprache ist eine Waffe. Sprachglossen zusammengestellt von Wolfgang Hering.* Reinbek: Rowohlt.
Twain, M. (2013). *Die schreckliche deutsche Sprache.* Löhrbach: Werner Pieper's Medienexperimente.
Bundesverband Deutscher Stiftungen: www.stiftungen.org.
Deutscher Fundraising Verband: www.fundraisingverband.de.
Deutscher Spendenrat: www.spendenrat.de.
Duden-Sprachberatung: www.duden.de/service.
Fundraising-Wiki: www.fundraising-wiki.de.

Auf diesen Seiten lässt sich kostenfrei testen, ob ein Text

- Verständlich ist: www.leichtlesbar.ch.
- „Heiße Luft" enthält: www.blablameter.de.

N. Franck, *Erfolgreich mit Spenderinnen und Spendern korrespondieren,* essentials, DOI 10.1007/978-3-658-16660-1